# LE MARÉCHAL PÉTAIN
## ASCENSION ET CHUTE D'UN HÉROS FRANÇAIS

— Le héros de Verdun devenu vassal d'Hitler

par Jonathan Duhoux

50MINUTES

# LE MARÉCHAL PÉTAIN

- **Naissance ?** Le 24 avril 1856 à Cauchy-à-la-Tour (Pas-de-Calais).
- **Mort ?** Le 23 juillet 1951 à Port-Joinville (Vendée).
- **Apports majeurs ?** Vainqueur de la bataille de Verdun en 1917, il devient une figure militaire prestigieuse dans l'entre-deux-guerres. Mais, lorsque éclate la Seconde Guerre mondiale (1939-1945), il pousse la France à signer l'armistice avec l'Allemagne nazie. Jugé et condamné comme traître pour sa collaboration avec Hitler (1889-1945), il termine sa vie à Port-Joinville, dans l'île d'Yeu, où il est assigné à résidence jusqu'à son décès.

Le maréchal Philippe Pétain est un personnage énigmatique. D'un caractère très réservé, cet officier français est peu bavard, presque froid. Il n'affiche pas vraiment ses opinions politiques et ne publie pas de mémoires, à l'inverse de certains de ses prédécesseurs et successeurs. Mais le mystère qui l'entoure contribue à façonner sa légende.

Son parcours est pour le moins singulier. Issu d'un milieu campagnard modeste, il est élevé dans la tradition catholique. Formé dès son plus jeune âge aux pratiques militaires, il reste pourtant un officier sans grande envergure jusqu'à ce que la guerre éclate. Cet officier presque inconnu sort alors de l'ombre pour s'ériger en héros. L'homme de Verdun, adulé de ses soldats, décrié par sa hiérarchie, maintient le moral de ses troupes à tout prix, n'hésitant pas à utiliser la force s'il le faut. Artisan de la victoire avec Ferdinand Foch (maréchal de France, de Grande-Bretagne et de Pologne, 1851-1929), il est désigné maréchal à la fin de la Première Guerre mondiale (1914-1918) pour services rendus à la nation.

Quelques années plus tard, on assiste à une nouvelle déflagration mondiale. Mais, cette fois, le héros devient traître, suite à sa collaboration avec Hitler. Il pousse les Français à se rendre pour endosser le titre de chef suprême d'un gouvernement autoritaire, et n'hésite pas à sacrifier les Juifs, les francs-maçons et les résistants afin d'asseoir sa vision du pouvoir. Pour sa trahison, il est condamné à la fin du conflit et est frappé d'indignité nationale.

Cette ambivalence met mal à l'aise. Du héros ou du traître, quelle personnalité l'emporte ? Qui était réellement Philippe Pétain ? Les questions sont nombreuses et divisent encore aujourd'hui les Français et les historiens.

# BIOGRAPHIE

Portrait de Philippe Pétain en civil daté de 1930.

## UNE ENFANCE MODESTE

Si Philippe Pétain laisse sa marque dans l'histoire durant le xxᵉ siècle, son parcours antérieur est beaucoup moins connu. La plupart des faits qui nous sont parvenus ont été transmis par tradition orale, perpétuée par sa famille. Pétain est d'origine modeste, ce qui contribue naturellement à forger sa légende. D'un caractère taciturne, intransigeant, gardant les pieds sur terre, il correspond en tous points à l'archétype du paysan français. Celui qui deviendra le héros de Verdun est en effet né dans un village de l'Artois, à Cauchy-à-la-Tour.

Bien avant sa naissance, Omer Venant, son père, avait pour projet de monter son affaire à Paris, mais suite à l'agitation politique de 1848, il préfère revenir dans la ferme familiale. Cette dernière est, à l'image du village de Cauchy, massive et austère. Sans fenêtres extérieures, la bâtisse se révèle aussi impénétrable que le futur caractère du jeune Philippe.

### LA RÉVOLUTION DE 1848

La révolution de 1848 est le deuxième soulèvement populaire parisien qui a eu lieu au cours du xɪxᵉ siècle. Si les Trois Glorieuses de juillet 1830 ont instauré une monarchie constitutionnelle, elles peinent encore à faire face aux épidémies, aux disettes, à la crise financière et aux nombreux différends politiques, religieux ou scolaires. Si bien qu'en février 1848, les manifestations se muent en insurrection. La population parisienne érige des barricades dans les rues et affronte l'armée française. Le roi, refusant de régler la crise par la force, décide d'abdiquer et de s'exiler. La monarchie de Juillet s'effondre ainsi le 24 février au profit de la Seconde République.

Omer Venant Pétain se marie en 1851 avec Clotilde Legrand, la fille d'un autre cultivateur de Cauchy. Elle donne naissance à trois filles : Marie-Françoise Clotilde en 1852, Adélaïde en 1853 et Sara en 1854.

Philippe naît le 24 avril 1856, de son nom complet Henri Philippe Bénoni Omer Pétain. Il préférera toujours son second prénom à celui d'Henri. Juste après la naissance de sa petite sœur Joséphine, en 1857, sa mère s'éteint.

En secondes noces, Omer Venant épouse Marie-Reine Vincent en 1859. Elle lui donne trois autres enfants, aux naissances fort rapprochées : Élisabeth en 1860, Antoine en 1861 et Laure en 1862. Après chaque baptême, le père Pétain quittait apparemment l'église en s'exclamant : « À l'année prochaine, monsieur le curé ! » (cité par LOTTMAN (Herbert R.), *Pétain*, Paris, Seuil, 1984, p. 15)

Dans la famille, on raconte que Marie-Reine Vincent néglige les enfants du premier mariage de son époux. Philippe est souvent pris en charge par son grand-père paternel, Bénoni, qui est aussi son parrain. Du côté de sa mère, deux personnes l'influencent beaucoup : un oncle de Clotilde tout d'abord, Philippe-Michel Lefebvre (1771-1866), un ancien soldat de Napoléon Ier (1769-1821) devenu prêtre ; ensuite, le frère de Clotilde, Jean-Baptiste Legrand (1818-1899), curé de Bomy. C'est à leur contact qu'il apprend certains préceptes religieux, mais aussi les valeurs qui deviendront siennes.

Ainsi se déroule son enfance, partagée entre l'école communale, le catéchisme à l'école paroissiale, son service en tant qu'enfant de chœur et le travail à la ferme.

## UNE ÉDUCATION MILITAIRE

En 1867, Philippe entre au collège Saint-Bertin de Saint-Omer. Son oncle, l'abbé Legrand, a probablement orienté son choix, lui-même y ayant enseigné. Pétain s'affranchit ainsi rapidement de son origine rurale pour rejoindre la ville, située à 50 kilomètres de sa ferme natale.

Saint-Omer est austère, et le grand collège de briques rouges a des allures de caserne. L'école Saint-Bertin affiche d'ailleurs clairement sa finalité militaire. Les élèves arborent tous un uniforme proche de celui d'un garde municipal, et les cours de français ont pour vocation d'entraîner les jeunes garçons à l'examen militaire. Très taciturne, Philippe est surnommé Pétain le Bref par ses condisciples.

Selon le futur maréchal, c'est en voyant les jeunes officiers défiler dans les rues de Saint-Omer qu'il aurait eu envie d'embrasser la carrière militaire. Mais son entourage l'a certainement beaucoup influencé. Son oncle, l'abbé Legrand, souhaitait en effet que « toujours dans [l]a famille il y ait des hommes qui portent la croix ou l'épée » (*ibid.*, p. 22).

Après une année préparatoire au collège Albert-le-Grand d'Arcueil, non loin de la capitale, Pétain entre à l'École spéciale militaire de Saint-Cyr. Située à 25 kilomètres de Paris et de Versailles, cette institution forme le fleuron de l'armée française depuis l'époque napoléonienne. Pourtant, Philippe Pétain n'y fait pas forte impression. En 1878, il termine 222e sur les 386 membres de la promotion Plewna.



## UNE CARRIÈRE MILITAIRE QUI PEINE À DÉCOLLER

Après être sorti de Saint-Cyr, Philippe Pétain entame une carrière sans grand éclat. Il gravit laborieusement les échelons de la hiérarchie militaire, étant généralement promu en raison de son ancienneté, non suite à des exploits. Il est sous-lieutenant pendant cinq ans, puis lieutenant durant sept ans, avant de devenir capitaine à l'âge de 34 ans. Les évaluations de ses supérieurs sont pourtant positives. Elles dépeignent un homme intelligent, consciencieux, avec d'excellentes capacités, bien qu'il reste assez réservé et froid.

Philippe Pétain ne participera jamais aux campagnes coloniales. Il reçoit diverses affectations en France, dans les garnisons de Besançon et de Marseille en passant par Arras et Paris. Contrairement à la plupart de ses collègues officiers, Pétain reste assez discret sur ses opinions politiques, notamment durant l'affaire Dreyfus (1894-1906). Par contre, il n'hésite pas à critiquer ses supérieurs au sujet de tactiques militaires qu'il juge dépassées.

## UNE AFFAIRE QUI DIVISE LA FRANCE

L'affaire Dreyfus secoue la France pendant 12 ans, à la suite de l'accusation pour haute trahison d'Alfred Dreyfus (1859-1935), un capitaine de confession juive suspecté d'avoir livré des documents secrets aux Prussiens, alors même que règne en France un antisémitisme latent et que le peuple éprouve une haine profonde à l'égard de l'Empire allemand. La violente opposition entre les dreyfusards, convaincus de son innocence, et les antidreyfusards entraîne de graves crises politiques et sociales. Alfred Dreyfus est finalement acquitté, notamment grâce à l'intervention d'Émile Zola (1840-1902) qui prend sa défense dans un discours passé à la postérité, « J'accuse... ! ». Cette erreur judiciaire laisse des séquelles dans l'unité de la Troisième République.

Après dix ans de service en tant que capitaine, Pétain est promu au grade de commandant en 1900. Professeur, il enseigne les tactiques militaires novatrices, notamment à l'École supérieure de guerre de Paris. Contrairement aux avis majoritaires à cette époque, Pétain considère que la précision prime sur l'intensité du tir. Il insiste sur l'importance de l'artillerie, qui doit préparer le terrain avec minutie pour les charges de cavalerie et d'infanterie. Selon lui, les assauts de masse à l'aveugle, que ce soit à l'aide de baïonnettes ou de canons, ne sont que des massacres inutiles. Le bien-fondé de ses théories se vérifiera pendant la guerre des tranchées.

Devenu colonel en 1910, le ministère de la Guerre refuse toutefois son accession au statut de général. Sa hiérarchie ne lui a probablement pas pardonné sa critique des tactiques françaises. En juillet 1914, à l'aube de la Première Guerre mondiale, Pétain s'apprête donc à prendre sa retraite après une carrière militaire assez banale. Mais l'Allemagne ayant déclaré la guerre à la France le 3 août, il est contraint de changer ses projets.



## L'ASCENSION ET LA CHUTE

Philippe Pétain, dont la carrière a stagné en temps de paix, obtient des promotions rapides en temps de guerre. Au début du conflit, il mène plusieurs actions d'éclat en Belgique, à la Marne et en Artois, la région de son enfance. Soucieux de la vie de ses hommes, il acquiert rapidement une grande popularité auprès des soldats. En 1915, il obtient le commandement de la 2e armée. L'année suivante, il se distingue durant la bataille de Verdun (février-décembre 1916), où il travaille efficacement au moral des troupes en organisant le ravitaillement et les secours. En 1917, devenu commandant en chef des armées françaises, Pétain met fin aux mutineries qui sévissent dans ses rangs. Il organise ensuite une série d'offensives modérées, toutes victorieuses. Beaucoup d'officiers lui reprochent son éternel pessimisme face à l'adversaire, mais il joue un rôle incontestable dans la victoire française. Le 21 novembre, dix jours après la fin de la guerre, Philippe Pétain reçoit la distinction de maréchal.

Durant le conflit, le vieux célibataire reçoit les lettres de milliers d'admiratrices. Peu enclin à terminer sa vie en solitaire, Philippe Pétain prend la décision de se marier. Le 14 septembre 1920, il épouse une ancienne amante, Eugénie Hardon (1877-1962), avec qui il partage sa vie jusqu'à son décès en 1951. Le couple est trop âgé pour avoir des enfants, mais Eugénie a déjà un fils de son premier mariage, Pierre de Hérain (1904-1972).

Propulsé par son succès, Pétain enchaîne les postes à responsabilités durant l'entre-deux-guerres. Général en chef de l'armée française de 1919 à 1931, il réorganise la défense du territoire. Le maréchal souhaite améliorer les divisions blindées plutôt que la construction de la ligne Maginot, mais il doit s'incliner face au ministre de la Guerre, André Maginot (1877-1932).



En 1925, il est envoyé dans le protectorat du Maroc lors de la guerre du Rif (1921-1926), où il mate la révolte d'Abd el-Krim (1882-1963). En juin 1929, il est élu membre de l'Académie française. Pétain devient ensuite inspecteur général de la défense aérienne en 1931, ministre de la Guerre en 1934 et ambassadeur en Espagne en 1939.

À cette époque, le maréchal croise plusieurs fois la route de Charles de Gaulle (1890-1970). Ce dernier était déjà sous ses ordres en 1912, dans le 33e régiment, lorsque Pétain en était colonel. Les deux officiers ont une vision similaire de la planification défensive du terrain, et Pétain appuie ses thèses à l'École de guerre. Appréciant la plume de Charles de Gaulle, le maréchal l'emploie pour rédiger plusieurs travaux à son profit. Son « nègre » lui dédie même un livre en 1932. Mais avec le temps, la cordialité s'érode entre les deux hommes. Pétain, malgré ses réserves de départ, devient l'un des artisans de la ligne Maginot, tandis que Charles de Gaulle insiste sur l'utilisation de divisions blindées offensives. À la suite de frictions sur la publication de certains travaux, et en décalage stratégique sur plusieurs décisions militaires, Charles de Gaulle finit par perdre son admiration pour son aîné.

Le 18 mai 1940, suite aux tensions grandissantes avec l'Allemagne, le Gouvernement français demande à Pétain d'occuper le poste du vice-président du Conseil. Il est le dernier maréchal de la Grande Guerre encore vivant, et son prestige reste considérable à cette époque. Partisan de l'armistice avec l'Allemagne, il rallie une bonne partie de l'opinion à cette solution. Après avoir accepté de très lourdes conditions de la part d'Hitler, le maréchal reçoit les pleins pouvoirs des deux Chambres. Il crée ainsi le régime de Vichy, un gouvernement dictatorial qui rompt avec les préceptes républicains. Pétain devient le maître absolu de toute la partie sud de la France, à condition de collaborer étroitement avec Hitler. Dès lors, la France dite libre participe à l'effort de guerre nazi, en envoyant des travailleurs en Allemagne et en déportant ses Juifs.

À la fin de la guerre, Pétain est emmené contre son gré à Sigmaringen, dans le Sud de l'Allemagne. En avril 1945, il retourne en France, où il est emprisonné. Jugé pour haute trahison par la Haute Cour de justice, il est condamné à mort. Sa peine est cependant commuée en prison à perpétuité grâce à l'intervention de Charles de Gaulle, et il est assigné à résidence à Port-Joinville, dans l'île d'Yeu. Il y décède le 23 juin 1951.

# CONTEXTE

Décédé à l'âge de 95 ans, Philippe Pétain a traversé des époques perturbées de l'histoire de France. Oscillant entre plusieurs régimes, il sera tour à tour observateur et acteur de son temps.

## LE SECOND EMPIRE (1852-1870)

Le Second Empire est indissociable de son dirigeant, Louis Napoléon Bonaparte (1808-1873). Neveu de Napoléon Ier, il est élu président de la Seconde République en 1848. Quatre ans plus tard, à la fin de son mandat, il souhaite se présenter à nouveau aux élections. Mais l'Assemblée nationale refuse de modifier la Constitution en ce sens. Louis Napoléon organise alors un coup d'État le 2 décembre 1852, ce qui lui permet d'instaurer un régime totalitaire, le Second Empire. Il est proclamé empereur, prend le nom de Napoléon III, muselle la presse et pourchasse ses opposants. Mais son leader bénéficiant d'une forte popularité au sein de la population, le nouveau régime n'est guère contesté.

Proclamation de l'Empire à l'Hôtel de Ville le 2 décembre 1852.

La scolarité primaire de Pétain correspond à une période de conflit entre l'Église et l'État. Le Second Empire favorise dans un premier temps l'enseignement religieux en France, considéré comme un facteur de cohésion pour maintenir la paix à l'intérieur des frontières. Mais, à partir de 1861, le Gouvernement français entre en conflit avec les catholiques. Napoléon III soutient en effet l'unification italienne, alors qu'elle va à l'encontre des intérêts de la papauté. Le corps enseignant de Saint-Bertin, constitué de prêtres diocésains, se retrouve donc en position délicate. L'école subit alors la concurrence de nombreuses autres institutions publiques gratuites qui émergent à cette époque.

## LE SAVIEZ-VOUS ?

Avant la seconde moitié du XIXᵉ siècle, l'Italie est morcelée, que ce soit au niveau politique ou territorial. À partir de 1859, Victor-Emmanuel II (1820-1878) rallie ou annexe les différentes régions du pays, et en devient le premier roi. Il est excommunié par le pape en 1870 quand il s'approprie la ville de Rome, qui devient sa capitale.

Avec la libéralisation de son régime, Napoléon III ne s'attire pas seulement les foudres des catholiques. En signant un accord de libre-échange avec le Royaume-Uni, première puissance industrielle mondiale de l'époque, il entraîne aussi le mécontentement des entrepreneurs français. Ces derniers craignent en effet la concurrence des produits d'outre-Manche. L'empereur cherche alors le soutien des classes populaires en s'orientant progressivement vers un régime plus démocratique. Il autorise les grèves et laisse l'initiative des lois aux parlementaires. Ces mesures lui assurent la fidélité des citoyens français.

La situation prend cependant une fâcheuse tournure quand, à partir de 1866, le chancelier prussien Bismarck (1815-1898) multiplie les provocations envers la France. Napoléon III finit par lui déclarer la guerre le 19 juillet 1870. Les Français ne comptent cependant que 256 000 hommes à opposer au demi-million de soldats prussiens et à leurs alliés. Les forces du Second Empire sont rapidement balayées, et Napoléon III est contraint de déposer les armes dès le 2 septembre. Deux jours plus tard, les Lyonnais et les Parisiens proclament la République et poursuivent la lutte.

Dans les écoles, la guerre marque profondément l'esprit des jeunes Français. Les collégiens s'entraînent à la pratique d'exercices militaires afin de se préparer à repousser les envahisseurs. À Saint-Bertin, Pétain n'échappe pas à la règle :

> « Je m'improvise capitaine, avec l'accord tacite de mes soldats, et pendant plusieurs mois la cour du collège retentit de commandements militaires, alors que les véritables opérations militaires sont réservées aux jours de sortie à l'extérieur et se traduisent habituellement par l'attaque et la défense d'une redoute. » (*ibid.*, p. 20)

# LA TROISIÈME RÉPUBLIQUE (1870-1940)

Née dans un contexte extrêmement difficile, la Troisième République semble vouée à s'éteindre rapidement. Pourtant, elle se maintiendra durant 70 ans, jusqu'à ce que Philippe Pétain lui-même y mette un terme.

## Avant la Grande Guerre

Le nouveau Gouvernement poursuit la guerre durant plusieurs mois contre la Prusse, mais doit se résoudre à signer l'armistice le 28 janvier 1871. Les conditions exigées par le vainqueur sont douloureuses : la France doit céder l'Alsace-Lorraine et payer de lourdes dettes de guerre. Paris, qui a vaillamment résisté au siège ennemi, considère cette paix comme une trahison de ses dirigeants. La ville se révolte et fonde la Commune de Paris. 70 jours plus tard, les troupes du Gouvernement écrasent les communards dans un bain de sang.

Exécution de communards, gravure de Frédéric Lix, 1871.

La France est à nouveau unifiée, mais le contexte reste difficile, à cause notamment des énormes indemnités de guerre que la Prusse réclame. La République commence par se doter de nouvelles institutions. La Constitution est votée en 1875 et instaure un régime dirigé pour une durée de sept ans par un président, qui doit se soumettre à un système parlementaire bicaméral.

La République établit ensuite les libertés propres aux régimes démocratiques : le droit de réunion et de presse en 1881, la liberté de se syndiquer en 1884, le droit de former des partis politiques en 1901. C'est également à cette époque que la France se dote de ses grands symboles : la *Marseillaise* devient l'hymne national en 1878, et le 14 juillet est déclaré jour de fête nationale. En outre, Jules Ferry (1832-1893) instaure l'école obligatoire, gratuite et laïque.



Plusieurs crises politiques laissent cependant entrevoir des dissensions au sein de la République. Une partie de la France reste conservatrice et revancharde, impatiente d'en découdre avec les Allemands. La majorité du corps militaire en fait partie. L'autre fraction, plus proche des idéaux révolutionnaires, préfère se concentrer sur les progrès sociaux. Discret sur ses opinions politiques, Pétain ne se range dans aucun camp. Il ne semble pas plus intéressé par la revanche sur l'Allemagne que par les théories d'égalité entre les hommes. Même lors de la séparation entre l'Église et l'État en 1905, il n'émet aucune opinion.

Il ne s'implique pas non plus dans les campagnes de colonisation. La France est pourtant, avec la Grande-Bretagne, la principale actrice de la nouvelle vague de colonisation, à la fin du XIXe siècle. Outre le désir moral de « civiliser des populations sauvages », les colonies offrent des débouchés économiques et permettent l'apport de matières premières aux industries. À partir de 1870, les forces de l'Hexagone renforcent leur position en Algérie et en Indochine (Viêt Nam, Cambodge, Laos). Les Français s'installent également au Maroc, en Tunisie, à Madagascar, en Afrique occidentale (Côte d'Ivoire, Mali, Niger, etc.) et équatoriale (Tchad, Gabon).

Au début du XIXe siècle, l'une des grandes forces de la France était sa population, qui représentait deux fois celle de l'Allemagne et trois fois celle de l'Angleterre. Sous la Troisième République cependant, les familles préfèrent se concentrer sur un fils unique, ce qui entraîne un large déclin démographique. Pour contrer cette tendance, le Gouvernement français lance des campagnes de natalité et d'immigration, ce qui initiera par la suite de larges manifestations de xénophobie. Malgré tout, la Troisième République reste consciente de sa faiblesse face à son voisin allemand, dont la démographie galopante lui permet d'aligner beaucoup plus de divisions. En 1913, le service militaire français passe de deux à trois ans, afin de pallier le manque d'effectifs.

## D'un conflit mondial à un autre

La France n'a jamais renoncé à récupérer l'Alsace-Lorraine. Aussi, lorsque la mobilisation générale est décrétée le 1er août 1914, les Français prennent les armes sans euphorie, mais avec une certaine résolution. Ils sont persuadés de se battre pour une juste cause, et les déserteurs restent marginaux. L'Allemagne déclare la guerre à la France deux jours plus tard, le 3 août.

Dans tous les camps, chacun pense rentrer dans son foyer pour Noël. Mais la guerre s'enlise rapidement dans les tranchées, et quatre longues années sont nécessaires pour en venir à bout. Il s'agit de la première guerre totale de l'histoire, dans laquelle chaque pays met l'ensemble de ses ressources au service du conflit.



Les Français sortent vainqueurs du conflit, mais le pays est exsangue. Commence alors la lente reconstruction du pays. Les Gouvernements Pointcarré s'efforcent de redresser les finances publiques. Poussé par ses manufactures et sa production électrique, le pays est en pleine croissance économique. Mais il est frappé de plein fouet par la crise économique des années trente. Sans politique de relance efficace, la France n'a toujours pas retrouvé son niveau de production d'avant la crise.

Voulant préserver la paix à tout prix, la France pacifiste laisse beaucoup de marge de manœuvre à l'Allemagne nazie pour se développer.

Sous l'impulsion d'Adolf Hitler, le voisin du Nord mène en effet une politique très agressive. Les Allemands remilitarisent la Rhénanie en 1936, annexent l'Autriche en 1938, et envahissent la Tchécoslovaquie en 1939. Lorsque Hitler pénètre en Pologne, la même année, la France finit par lui déclarer la guerre. Durant huit mois, les deux ennemis se regardent en chiens de faïence le long de la frontière, ce que l'on appellera plus tard la drôle de guerre. Puis, le 10 mai, l'Allemagne lance une offensive éclair qui fait capituler la France en six semaines. La stupeur frappe le monde entier : le vainqueur de la Grande Guerre s'est effondré en un temps record devant les divisions blindées d'Hitler. L'armistice du 17 juin 1940 met fin à la Troisième République. Elle est remplacée par un gouvernement autoritaire dirigé par le maréchal Pétain : le régime de Vichy.

Philippe Pétain est un officier fort peu remarqué à la veille de la Grande Guerre. Il est d'ailleurs sur le point de prendre sa retraite après une carrière sans relief. Mais deux conflits mondiaux vont changer son destin.

## LE HÉROS

### Un commandant à l'écoute des soldats

En août 1914, lorsque l'Allemagne viole la neutralité belge, la plupart des troupes françaises se retranchent derrière la Marne. Le général Joseph Joffre (1852-1931), supérieur de Pétain, conserve ainsi l'essentiel de ses forces au début du conflit. Pendant ce temps, la Belgique retient le gros de l'assaut allemand. Philippe Pétain commande à cette époque une brigade, la 4e, chargée de venir en renfort aux soldats belges.

Pour la seule fois de sa carrière, semble-t-il, Pétain tient un carnet de route. Il y prend la curieuse habitude de décrire les femmes chez qui il loge : « Physique agréable, malgré une cicatrice au nez... », écrit-il alors que la guerre fait rage (*ibid.*, p. 55). Il décrit également l'accueil chaleureux des civils belges lorsque ses soldats passent dans les villages, et consigne ses premières inquiétudes face à un adversaire qu'il juge redoutable. Le 17 août, ses hommes essuient pour la première fois le feu ennemi, le long de la Meuse, près de Dinant. Pétain tient la position. Hélas, menacés d'encerclement, les Français doivent battre en retraite cinq jours plus tard. Amer, Pétain peste contre la désorganisation des divisions de réserve, due selon lui aux hommes politiques. Il considère qu'après tout, une nation n'a que l'armée qu'elle mérite.

Promu général de brigade le 28 août, il se distingue le lendemain lors de la bataille de Guise, où il reprend du territoire aux Allemands. Puis il doit définitivement battre en retraite et quitter la Belgique.

Placé à la tête de la 6e division d'infanterie, Pétain s'attache à consolider le moral et la discipline de ses soldats avant de les envoyer à nouveau au feu. Prudent, le général préfère tenir le terrain, voire en céder un peu, plutôt que d'envoyer ses hommes se faire massacrer inutilement. Il opère déjà l'alternance entre les roulements d'artillerie et les avancées réfléchies de l'infanterie, qui deviendront le leitmotiv de la Grande Guerre. Par ces tactiques, il tient bon lors de la bataille de la Marne, le long du canal de l'Aisne. Le général Charles Mangin (1866-1925) est le seul à le critiquer, considérant qu'il avance trop lentement et qu'il n'a aucune confiance en ses hommes. Ce n'est pas l'avis de sa hiérarchie, puisque Pétain reçoit la rosette de la Légion d'honneur le 12 octobre.

Quelques jours plus tard, devenu commandant d'un corps d'armée, le 33e, Pétain défend l'Artois, sa région d'enfance. Malgré l'insistance de sa hiérarchie, qui pousse les généraux à reprendre l'offensive, Pétain préfère fortifier les positions défensives autour d'Arras. Il ordonne la mise en place de nouvelles tranchées, de murs de barbelés, et insiste sur l'importance stratégique du camouflage. Toutes les attaques allemandes se brisent sur ce réseau défensif. Soucieux d'épargner la vie de ses hommes, il se montre pourtant intraitable avec l'insubordination et la lâcheté. Face à des soldats qui se sont tirés dans la main pour ne pas être envoyés au front, Pétain ordonne de les attacher et de les jeter en dehors des tranchées, où ils doivent passer la nuit.

## L'exploit de Verdun

En juin 1915, il prend le commandement de la 2e armée. Son supérieur, le maréchal Joffre, lui ordonne d'opérer une percée en Champagne. Cependant, malgré plusieurs mois de préparation, les lignes allemandes restent impénétrables. Philippe Pétain prend conscience que cette guerre ne peut être gagnée qu'à l'usure. Cette clairvoyance lui permet d'occuper un rôle de tout premier plan durant la bataille de Verdun. Le 21 février, les forces allemandes recouvrent cette région de Lorraine sous un véritable déluge d'obus, prélude à une énorme offensive. Joffre appelle Pétain en renfort, ce dernier étant chargé de consolider l'ensemble de la position fortifiée de Verdun. Ce choix n'est sans doute pas mûrement réfléchi, mais Pétain est bien l'homme de la situation pour protéger ce saillant hautement stratégique. Les Allemands bénéficient en effet sur ce front d'un meilleur terrain, de nombreuses voies de communication (rail et routes), de plus d'hommes ainsi que d'une impressionnante artillerie. La priorité de Pétain est de contrebalancer ces avantages.

Photo de soldats sous l'enfer des canons à Verdun.

Il improvise alors de nouveaux moyens de communication avec les ballons et les avions, persuadé que le contrôle des airs aura un impact déterminant sur le conflit. Il demande également un grand renfort de canons : s'il n'y a que 281 pièces d'artillerie en février 1916, les Français alignent 1 727 canons trois mois plus tard. La voie ferrée est améliorée et la route qui mène au saillant consolidée. Pour tous les combattants, cette route devient la Voie sacrée, un cordon ombilical long de 135 kilomètres qui relie Bar-le-Duc à Verdun, par lequel sont acheminés vivres, munitions, soins et renforts. L'amélioration des communications permet également d'opérer un roulement permanent entre les troupes fraîches et les hommes au front. Pétain améliore ainsi le moral des soldats et leur aptitude à combattre. C'est sans doute sa contribution la plus importante aux tactiques militaires.

Verdun tient bon, malgré d'énormes pertes, et ce succès assure la gloire de Pétain. Les journalistes, les sénateurs et les auteurs se bousculent à sa table. Dans l'ensemble, il ne semble guère affectionner cette soudaine célébrité. Pétain considère que sa tâche n'est pas achevée, et qu'il est trop tôt pour le féliciter. Cette apparente froideur fait couler beaucoup d'encre, certains auteurs l'attribuant à de la (fausse) modestie, d'autres à de la timidité, d'autres encore à de l'amertume. Lorsque les journalistes tentent de déchiffrer son caractère à travers ses déclarations, et notamment son célèbre « On les aura », Pétain s'en amuse, car ces mots n'ont pas été écrits par lui.

Si le front français ne flanche pas, il ne progresse pas non plus. Le généralissime Joffre considère que Pétain reste trop défensif et qu'il accorde une importance démesurée à Verdun. Le général Robert Georges Nivelle (1856-1924) prend alors la direction des opérations. Beaucoup plus offensif que son aîné, Nivelle brise l'étau autour de Verdun entre septembre et novembre 1916. Ce succès lui vaut les félicitations des politiques et des officiers, ce qui le propulse au statut de commandant en chef des armées du Nord et du Nord-Est, en remplacement de Joffre. Mais dans le cœur des soldats, Pétain reste le véritable vainqueur de Verdun.

## Au secours de l'armée française

Au début de l'année 1917, Philippe Pétain est relégué en arrière-plan. Il ne cesse de répéter qu'il ne faut pas gaspiller la vie des hommes en attaques futiles, mais, au contraire, poursuivre la guerre d'usure. Nivelle ne l'écoute pas et lance la grande offensive du Chemin des Dames durant le mois d'avril. Le terrain est très favorable aux Allemands, et malgré la première utilisation de chars d'assaut français, l'attaque tourne au désastre. Les pertes sont considérables chez les Alliés, et elles entraînent des mutineries. Pétain est alors appelé à remplacer Nivelle pour réinstaurer la discipline dans les rangs. Plus de 3 500 hommes sont condamnés, et les peines vont des travaux forcés à la peine de mort par fusillade. Cependant, si Pétain est intraitable avec les mutins, il a aussi l'intelligence d'améliorer le moral des troupes avec une stratégie moins offensive que son prédécesseur. Il met au point un système de récompenses pour bonne conduite, insiste sur l'importance des permissions et des jours de repos, et améliore la nourriture des soldats. L'armée est à nouveau confiante en sa hiérarchie. Pétain permet à la France de poursuivre la guerre jusqu'à l'arrivée des Américains. Les Alliés encaissent d'ailleurs assez bien le choc de l'immense offensive allemande au printemps 1918.

Pourtant, c'est le général Ferdinand Foch qui est choisi pour être le chef suprême de toutes les armées alliées lors de la contre-offensive finale. Pétain était en lice pour le poste, mais il a finalement été jugé trop pessimiste et trop prudent pour lancer un assaut de cette envergure. L'attaque alliée, appuyée par les troupes américaines, l'aviation et les tanks, fait chanceler l'adversaire, qui demande l'armistice. Pétain, qui avait prévu un plan d'attaque de grande envergure sur l'Allemagne, s'oppose à une paix qu'il juge prématurée. Mais il n'est pas écouté.

Après l'armistice du 11 novembre, Philippe Pétain est élevé à la dignité de maréchal de France, de même que Joffre et Foch. Il reçoit son bâton symbolique le 8 décembre 1918 à Metz. Refusant de publier ses mémoires, il conserve cette image d'homme mystérieux et réservé qui contribue à façonner sa légende.



## LE TRAÎTRE

### La reddition de la France

Propulsé par son succès lors de la Grande Guerre, le maréchal fraîchement nommé s'occupe d'un nouveau plan de défense du territoire français. Cependant, s'il a d'indéniables qualités en tant que général militaire, Pétain montre vite ses limites en tant que ministre. Son ignorance du monde politique rappelle qu'en dehors du domaine militaire, ses formations restent assez superficielles.

Ses idées d'extrême droite sont probablement apparues durant les années trente, même s'il est toujours resté très discret sur ses opinions politiques avant la Seconde Guerre mondiale. Il reproche à la République son incompétence face aux crises, le régime étant trop influencé par son esprit de tolérance et sa volonté de compromis.

En mai 1940, Pétain est rappelé en catastrophe de son poste d'ambassadeur en Espagne. On lui confie le poste de vice-président du Conseil. Dès son retour de Madrid, il insiste sur la nécessité de signer la paix avec Hitler. Il rallie progressivement les partisans de la guerre à sa cause, et demande l'armistice. Le 17 juin, le maréchal appelle les troupes à déposer les armes, ce qui provoque la reddition de très nombreux bataillons : 1,9 million de soldats se retrouvent ainsi prisonniers de l'Allemagne, ce qui constitue une réserve d'otages quasiment inépuisable. Face à la déroute de l'armée française, certains dirigeants fuient à l'étranger. C'est notamment le cas de Charles de Gaulle, qui constitue un gouvernement de résistance depuis Londres.

Pétain, quant à lui, décide de « rester sur le sol français pour assurer, par sa prestigieuse présence et dans toute la mesure du possible, la protection des personnes et des biens » (WEBSTER (Paul), *L'affaire Pétain*, Paris, Éditions du Félin, 1993, p. 58). C'est d'ailleurs la ligne de défense qu'il adoptera lors de son procès, déclarant : « Pendant quatre ans, je n'ai eu qu'un but, vous protéger du pire... j'ai voulu être votre bouclier... j'ai écarté de vous des périls certains. » (MICHEL (Henri), *Pétain et le régime de Vichy*, Paris, Presses universitaires de France, 1986, p. 114)

L'armistice est signé à Compiègne le 22 juin 1940, dans le même wagon que celui utilisé pour la reddition de l'Allemagne en 1918. La France garde le contrôle des deux cinquièmes de son territoire, dans lesquels on retrouve deux des trois principales villes du pays : Lyon et Marseille. L'ensemble du Nord passe sous l'administration directe de l'occupant. Les conditions semblent acceptables pour Pétain, y compris un certain article 19 qui prévoit le retour en Allemagne de ses réfugiés politiques, principalement les Juifs.

## Le régime de Vichy

Dès le mois de juillet, les Chambres accordent les pleins pouvoirs au maréchal. Ce dernier devient le maître d'un État autoritaire, le régime de Vichy, et possède plus de droits que les anciens monarques absolus. Il peut, de son propre chef, établir une nouvelle Constitution, nommer ou écarter tous les membres de son Gouvernement, et même choisir son successeur. Le maréchal désigne ainsi Pierre Laval (1883-1945) comme son dauphin, jusqu'à ce qu'il l'écarte brusquement le 13 décembre 1940 en raison de son esprit d'indépendance.

Pétain lance une révolution nationale qui crée une nouvelle société basée sur le corporatisme et l'inégalité entre les hommes. Il développe un culte autour de sa personne, appuyé par la propagande, et remplace la *Marseillaise* par l'hymne *Maréchal, nous voilà !* L'appellation « vainqueur de Verdun », jusque-là peu utilisée, est maintenant systématisée pour légitimer son régime. Tous les principes de la République sont abolis, le triptyque « Liberté, égalité, fraternité » étant remplacé par « Travail, patrie, famille ». Même le terme république est interdit.

Pétain dans son bureau en 1940.

Pétain s'entoure en outre de ministres radicaux, anglophobes et frustrés de leur position sous la République. Beaucoup de Français suivent ces nouveaux dirigeants, persuadés que le maréchal prépare secrètement la résistance ou tout du moins que le régime de Vichy offrira un statut privilégié à la France face aux autres pays vaincus. Dans les deux cas, ce ne sont que des illusions.

D'une part, le maréchal Pétain n'a aucun plan secret de résistance, et collabore même pleinement et de son plein gré avec Hitler. Il ne se tourne jamais vers les Alliés, même à la fin de la guerre, lorsqu'il semble évident que les Allemands seront vaincus. Plus encore, il instaure une révolution nationale qui va bien au-delà des demandes d'Hitler. Sans aucune sollicitation de la part du IIIe Reich, des lois antisémites sont votées ; les communistes sont pourchassés et les loges des francs-maçons sont détruites. Des documents retrouvés en 2010 révèlent que Pétain durcit lui-même les mesures déjà appliquées contre les Juifs, et ce de sa propre initiative.

D'autre part, la France n'est nullement privilégiée en comparaison avec les autres territoires occupés d'Europe occidentale. Vichy doit en effet verser 58 % de son budget annuel aux Allemands, ce qui représente le plus haut pourcentage en Europe. Les denrées alimentaires sont encore plus rationnées qu'ailleurs. Les salaires sont continuellement diminués, afin d'inciter les ouvriers à se porter volontaires pour le Service du travail obligatoire en Allemagne. Quant aux déportations de Juifs, elles ne sont pas moindres que dans les autres pays d'Europe occidentale.

En réalité, Pétain entre totalement dans le jeu d'Hitler en signant l'armistice. Le Führer, quant à lui, ne considère jamais la France comme un partenaire, mais comme un pays vaincu qu'il va saigner à blanc. Il s'amuse même à faire passer les mesures les plus impopulaires par l'intermédiaire de Vichy, afin de mieux diviser ses ennemis. Le peu de considération qu'il porte au régime de Pétain est clairement visible en novembre 1942, lorsque l'armée allemande occupe le Sud de la France, après que les Alliés ont menacé de débarquer en Sicile.

Durant les derniers mois de l'Occupation, Pétain se prétend prisonnier des Allemands, mais, par son autorité et son silence, il continue à couvrir les atrocités commises au nom du régime de Vichy.

## LE CONDAMNÉ

Face à l'avancée des Alliés, le maréchal est arrêté par la Gestapo le 19 août 1944, car il refusait de quitter la France alors que tous les collaborateurs étaient évacués. Il est transféré avec son Gouvernement à Belfort, puis à Sigmaringen, dans le Sud de l'Allemagne. Il refuse désormais de jouer le moindre rôle politique. Apprenant que le Gouvernement provisoire français a décidé de le traduire en justice, il prépare sa défense. Pétain demande son transfert en Suisse, et de là, il est remis aux autorités françaises le 26 avril 1944.

Le procès se déroule du 23 juillet au 15 août 1945 devant la Haute Cour de justice, mise en place l'année précédente. Pétain déclare qu'il était un allié secret de Charles de Gaulle durant toutes ces années, servant de bouclier aux Français pendant que le général représentait l'épée. Mais le maréchal est tout de même déclaré coupable pour intelligence avec l'ennemi et haute trahison. Il est unanimement condamné à mort, à la dégradation nationale et à la confiscation de ses biens. Le titre de maréchal étant une dignité et non un grade, ses partisans considèrent qu'il est toujours le maréchal Pétain. Pour la plupart des historiens, cependant, c'est en simple Philippe Pétain qu'il termine sa vie.

Charles de Gaulle est, à ce moment, président du Gouvernement provisoire. Eu égard au grand âge de Pétain, il commue sa peine de mort en prison à perpétuité. L'ancien maréchal est d'abord envoyé au fort du Portalet, dans les Pyrénées, avant d'être transféré au fort de la Citadelle, sur l'île d'Yeu, en Vendée. Son état de santé se dégrade rapidement, le vieil homme perdant très souvent sa lucidité. Il est finalement déplacé dans un établissement privé à Port-Joinville, où il décède le 23 juillet 1951.

# RÉPERCUSSIONS

## LES SUITES DE VICHY

À la Libération, les mouvements de résistance souhaitent rayer le régime du maréchal Pétain de l'histoire de France, afin de faire comme s'il n'avait jamais existé. Certaines particularités du vichysme sont d'ailleurs immédiatement abandonnées, comme le corporatisme qui vole en éclat sous la poussée des syndicats.

Pourtant, il existe une certaine continuité entre la Troisième République et Vichy. Par exemple, sous le régime de Pétain, on constate une tendance à rationaliser l'économie et à la diriger. C'est l'avènement de la technocratie moderne, au sein de laquelle les experts et leurs méthodes sont au centre des décisions politiques. Cette tendance débute déjà sous la Troisième République et se poursuit après la Seconde Guerre mondiale. Le régime de Pétain marque ainsi une certaine continuité politique dans le domaine économique.

Plus encore, le régime de Vichy constitue une réponse au malaise qu'éprouve la population française face à la République et à ses travers : la mollesse de l'exécutif, les vaines luttes de pouvoir entre les partis et l'instabilité ministérielle. Ces problèmes ne disparaissent pas après la Seconde Guerre mondiale. La Quatrième République, née en 1946, est, elle aussi, marquée par de multiples crises ministérielles, notamment liées aux indécisions quant aux problèmes coloniaux. Ces conflits provoquent la chute du régime en 1958, que Charles de Gaulle tentera de redresser avec la Cinquième République.

Le vichysme semble donc l'emporter sur les mesures mises en œuvre par la Résistance pour l'oublier. L'unité de cette dernière vole rapidement en éclats, ses partis politiques se déforcent, et sa presse s'efface progressivement. Si, au sortir de la guerre, plus de 100 000 partisans de Vichy sont emprisonnés, la plupart sortent dix ans plus tard, et certains publient leurs mémoires. Alors que Pierre Laval est fusillé, la plupart des condamnés à mort pour faits de collaboration voient leur peine commuée en années de prison. Quant aux administrateurs du régime de Vichy, la plupart sont maintenus en fonction pour assurer une certaine continuité.

En outre, de nombreuses décisions et institutions créées durant la guerre perdurent, parfois en changeant de nom : le rationnement de la nourriture, l'aide pour les anciens travailleurs, le Secours national devenu l'Entraide nationale, la Confédération générale de l'agriculture pour la corporation paysanne, etc.

Il serait donc erroné de dire que Vichy n'a été qu'une parenthèse dans la vie politique de l'Hexagone. Le régime du maréchal Pétain a en effet influencé durablement les années qui ont suivi sa chute.

## LES CONTROVERSES

Philippe Pétain reste, aujourd'hui encore, l'un des personnages les plus controversés de l'histoire de France. S'il est condamné à l'unanimité à la fin de la guerre, l'opinion française se divise sur la question dans les années suivantes, certains jugeant la décision trop sévère. Une partie de la presse se met rapidement en place pour réhabiliter Vichy. D'abord clandestins, les plaidoyers pour la défense de Pétain sont vite distribués au grand jour. Difficile de comprendre, en effet, comment un héros de guerre peut sombrer dans la traîtrise. Différentes théories voient alors le jour.

Les pétainistes, partisans du maréchal, restent persuadés qu'il avait un plan secret pour sauver la France. Comment imaginer en effet que le premier homme de Verdun ait abandonné son peuple ? L'Association pour défendre la mémoire du maréchal Pétain (ADMP) est ainsi créée en 1951, et est encore active aujourd'hui. Elle demande notamment le transfert de sa dépouille depuis l'île d'Yeu, où il est enterré, vers l'ossuaire de Douaumont, à Verdun. Devant les refus répétés, un commando d'extrême droite a même tenté d'enlever les restes du maréchal en 1973. Les auteurs de la profanation ont toutefois été arrêtés, et la tombe de Pétain est désormais bétonnée. Mais la réhabilitation du maréchal reste un leitmotiv récurrent dans les milieux d'extrême droite. Jean-Marie Le Pen a ainsi déclaré en avril 2015 qu'il n'a jamais considéré Pétain comme un traître, et qu'il a été jugé trop sévèrement à la Libération.

Pour certains, le grand âge du maréchal explique ses égarements et son manque de lucidité. C'est ainsi que Charles de Gaulle déclare que « la vieillesse est un naufrage. Pour que rien ne nous fût épargné, la vieillesse du maréchal Pétain allait s'identifier avec le naufrage de la France » (GAULLE (Charles de), *Mémoires de guerre. L'appel : 1940-1942*, tome 1, Paris, Pocket, 2007, p. 78-79). Cela ne l'empêche pas d'aller fleurir la tombe du héros de Verdun en tant que président, ce que feront également ses successeurs jusqu'à ce que des plaintes émises par la communauté juive y mettent un terme.

Enfin, la théorie la plus vraisemblable reste que le maréchal Pétain ait été guidé par sa frustration face à la Troisième République. Animé par le sentiment de ne pas être à la place qui lui est due, il saisit l'occasion de la Seconde Guerre mondiale pour éliminer un système politique qu'il ne respecte pas. Et une fois la Révolution nationale lancée, il lui est difficile de tendre la main vers la Résistance sans avouer ses torts.

Il est indéniable, aujourd'hui, que le maréchal Pétain a collaboré volontairement avec l'Allemagne, sans jamais envisager un processus de résistance. Toutes les traces écrites de cette époque le prouvent. Pétain espérait certainement, par cette stratégie, donner naissance à une nouvelle France, plus forte et plus efficace, loin des vaines querelles politiques de la République. Mais le maréchal n'a pas compris qu'il était impossible de collaborer avec un mégalomane comme Hitler, dont on ne pouvait être que le vassal...

# EN RÉSUMÉ

| | |
|---|---|
| **24 avr. 1856** | Naissance de Philippe Pétain |
| **1876** | Pétain entre à Saint-Cyr |
| **1900** | Pétain est promu commandant |
| 1914 | La Première Guerre mondiale éclate |
| Fév.-déc. 1916 | Bataille de Verdun |
| 1918 | Fin de la Première Guerre mondiale<br>Pétain est fait maréchal de France |
| 1919 - 1931 | Pétain est général en chef de l'armée française |
| **1925** | Pétain participe à la guerre du Rif |
| **1931** | Pétain devient inspecteur général<br>de la défense aérienne |
| 1934 | Pétain est ministre de la Guerre |
| **1939** | Pétain est ambassadeur en Espagne<br>Déclenchement de la Seconde Guerre mondiale |
| **17 juin 1940** | Pétain appelle les troupes à déposer les armes |
| 22 juin 1940 | Signature de l'armistice à Compiègne |
| 10 juill. 1940 | Instauration du Gouvernement de Vichy |
| **19 août 1944** | Pétain est arrêté par la Gestapo |
| **26 avr. 1944** | Pétain est remis aux autorités françaises |
| 23 juill.-15 août 1945 | Tenue du procès de Pétain |
| **23 juill. 1951** | Mort de Philippe Pétain |

- Philippe Pétain naît le 24 avril 1856 dans une ferme de Cauchy-à-la-Tour (Pas-de-Calais). Son enfance est bercée par les récits militaires d'un grand-oncle, qui a servi sous Napoléon Ier, et d'un oncle curé qui lui inculque ses préceptes catholiques et moraux.

- Il termine sa formation à l'École spéciale militaire de Saint-Cyr en 1878. S'ensuivent des promotions très espacées, sans éclat. Il se distingue cependant de la majorité des officiers français, qui prônent la revanche à tout prix contre la Prusse, quelles que soient les pertes : dans les cours qu'il dispense au sein des écoles militaires, Pétain insiste au contraire sur l'aspect défensif et les attaques réfléchies des bataillons.

- À la veille de la Première Guerre mondiale, Pétain est colonel. Il s'apprête à prendre sa retraite quand éclate le conflit. Il prend rapidement du galon en s'illustrant en Belgique, sur la Marne et en Artois. Son plus glorieux fait d'armes reste Verdun, en 1916, où il améliore la logistique du ravitaillement et des renforts. Mais il travaille aussi au moral des troupes, en mettant fin aux mutineries de 1917. La guerre terminée, il est récompensé pour les services rendus à la nation et reçoit la distinction de maréchal en novembre 1918.

- Son succès lui ouvre de nombreux postes à responsabilités dans l'entre-deux-guerres. Tour à tour général en chef de l'armée française, vainqueur d'une révolte au Maroc, membre de l'Académie française, ministre de la Guerre et ambassadeur en Espagne, Pétain voit son prestige grandir sans cesse.

- Lorsque les Allemands déclarent la guerre à la France en 1940, le prestigieux maréchal est partisan d'un armistice. Après avoir rallié bon nombre de Français à sa cause, il collabore avec Hitler pour créer le régime de Vichy : un gouvernement placé sous sa seule autorité. Bercé par l'illusion d'être indépendant des décisions allemandes, Pétain détruit les principes républicains et fonde une société basée sur le corporatisme et l'inégalité entre les hommes. Il n'hésite pas à pourchasser tous ceux qu'il juge dangereux : les Juifs, les communistes, les francs-maçons et les résistants.

- Après la défaite d'Hitler, Philippe Pétain est jugé coupable de haute trahison et est condamné à mort. Sa peine est commuée en emprisonnement, par respect pour son grand âge. Sa santé décline rapidement, et il décède le 23 juillet 1951 à Port-Joinville, sur l'île d'Yeu (Vendée).

# POUR ALLER PLUS LOIN

## SOURCES BIBLIOGRAPHIQUES


- APRILE (Sylvie), *1815 : la révolution inachevée*, Paris, Belin, coll. « Histoire de France », 2010.
- AZÉMA (Jean-Pierre), « Le procès de Philippe Pétain », in *L'Histoire*, n° 179, Paris, Sofia Publications, juillet-août 1994.
- AZÉMA (Jean-Pierre), « Pétain et les mutineries de 1917 », in *L'Histoire*, n° 107, Paris, Sofia Publications, janvier 1988.
- BEAUPRÉ (Nicolas), *1914 : les grandes guerres*, Paris, Belin, coll. « Histoire de France », 2011.
- CARBONELL (Charles-Olivier), KOSZUL (Michel) et RIVES (Jean) (dir.), *Dictionnaire des biographies. Le XX$^e$ siècle*, tome 6, Paris, Armand Colin, 1992.
- COINTET (Jean-Paul), *Histoire de Vichy*, Paris, Perrin, 2003.
- FERRO (Marc), *Pétain*, Paris, Hachette, coll. « Pluriel », 2009.
- GAULLE (Charles de), *Mémoires de guerre. L'appel : 1940-1942*, tome I, Paris, Pocket, 2007.
- KASTELL (Serge), *Dictionnaire du français sous l'Occupation*, Paris, Grancher, 2013.
- LOEZ (André), *Les 100 mots de la Grande Guerre*, Paris, PUF, coll. « Que sais-je ? », 2013.
- LOTTMAN (Herbert R.), *Pétain*, Paris, Seuil, 1984.
- MICHEL (Henri), *Pétain et le régime de Vichy*, 3$^e$ édition, Paris, PUF, coll. « Que sais-je ? », 1986.
- ROUSSO (Henry) et LABORIE (Pierre), « L'année 1940 : la guerre, l'exode, Vichy », in *L'Histoire*, n° 129, Paris, Sofia Publications, janvier 1990.
- VERGEZ-CHAIGNON (Bénédicte), *Pétain*, Paris, Perrin, 2014.

- WEBSTER (Paul), *L'affaire Pétain*, Paris, Éditions du Félin, coll. « Histoire », 1993.
- WIEVIORKA (Olivier), MONGIN (Dominique) et QUÉTEL (Claude), « France 1940, le printemps tragique », in *L'Histoire*, n° 352, Paris, Sofia Publications, avril 2010.
- ZANCARINI-FOURNEL (Michelle) et DELACROIX (Christian), *1945 : la France du temps présent*, Paris, Belin, coll. « Histoire de France », 2010.

## SOURCES COMPLÉMENTAIRES

- BECKER (Jean-Jacques) et DOMANGE (Gérard), « Fallait-il mourir pour Verdun ? », in *L'Histoire*, n° 292, Paris, Sofia Publications, novembre 2004.
- CATALA (Michel), « L'ambassade espagnole de Pétain (mars 1939-mai 1940) », in *Vingtième siècle*, vol. 55 n° 1, 1997, p. 29-42.
- DELPARD (Raphaël), *Aux ordres de Vichy : enquête sur la police française et la déportation*, Neuilly-sur-Seine, Michel Lafon, 2006.
- MILLER (Gérard), *Les pousse-au-jouir du maréchal Pétain*, 2e édition, Paris, Seuil, coll. « Point », 2004.
- PENAUD (Guy), *De Gaulle-Pétain. L'affrontement du printemps 1940*, Paris, L'Harmarttan, 2012.
- SÉGÉLA (Matthieu), *Pétain-Franco : les secrets d'une alliance*, Paris, Albin Michel, 1992.
- WIEVIORKA (Olivier), « La prise du pouvoir par Pétain : enquête sur le 10 juillet 1940 », in *L'Histoire*, n° 244, Paris, Sofia Publications, juin 2000.

## SOURCES ICONOGRAPHIQUES

- Portrait de Philippe Pétain en civil daté de 1930. La photo reproduite est réputée libre de droits.

- Proclamation de l'Empire à l'Hôtel de ville le 2 décembre 1852. La photo reproduite est réputée libre de droits.
- Exécution de communards, gravure de Frédéric Lix, 1871. La photo reproduite est réputée libre de droits.
- Photo de soldats sous l'enfer des canons à Verdun. La photo reproduite est réputée libre de droits.
- Pétain dans son bureau en 1940. La photo reproduite est réputée libre de droits.

## FILM ET DOCUMENTAIRES

- *Philippe Pétain*, film de Paule Muxel et Bertrand de Solliers, avec Jacques Dufilho, Jean Yanne et Jean-Pierre Cassel, France, 2010.
- *Ces Français qui ont choisi Hitler*, documentaire de Christophe Weber, France, 2012.
- *Pétain, un héros si populaire*, documentaire de Serge de Sampigny, France, 2013.

## BÂTIMENTS ET LIEUX COMMÉMORATIFS

- La maison natale du maréchal Pétain, à Cauchy-à-la-Tour, dans le Pas-de-Calais.
- Le mont Pétain, au Canada, situé sur la frontière entre l'Alberta et la Colombie-Britannique.
- Les rues du maréchal Pétain. De nombreuses voies publiques portent ce nom aux États-Unis, au Canada et même à Singapour. En France, la plupart de ces rues ont été débaptisées après 1945.
- La tombe du maréchal Pétain, à Port-Joinville, sur l'île d'Yeu.

www.50minutes.com

Éditeur responsable : Lemaitre Publishing
Avenue de la Couronne 382 | BE-1050 Bruxelles
info@lemaitre-editions.com

ISBN ebook : 978-2-8062-7187-7
ISBN papier : 978-2-8062-7188-4
Dépôt légal : D/2016/12603/99
Photo de couverture : réputée libre de droits.

Conception numérique : Primento,
le partenaire numérique des éditeurs